MÉMOIRE

PRÉSENTÉ

A S. M. LOUIS XVIII,

ROI DE FRANCE ET DE NAVARRE.

AN 1814.

MÉMOIRE AU ROI,

Pour le sieur *Jean-Baptiste Metra*, ancien soldat au Régiment de Monseigneur le Dauphin, infanterie, depuis lieutenant en premier de Chasseurs;

Par le Chevalier Collier-de-Lamarlière, *ancien Chevalier de l'Ordre de Malthe, élève de l'École Royale et Militaire, ex-officier au régiment du* Dauphin, *infanterie, ex-émigré, demeurant à Meaux, département de Seine et Marne.*

SIRE,

Quelle circonstance plus propice que celle de votre heureux avènement au trône auguste de vos aïeux, un de vos plus fidèles sujets pourroit-il saisir, pour mettre sous les yeux de Votre Majesté le noble dévouement, l'action généreuse d'un ancien soldat de vos braves armées ?

Votre Majesté reconnoîtra dans le trait vraiment héroïque pour lequel j'ose solliciter toute son attention, sa bonté, sa justice, le principe de l'honneur que les officiers et les soldats français ont toujours professé; il va briller de tout son éclat sous votre auguste nom, et sous l'empire des Lys que vous rendez enfin à la France.

Je suis obligé de parler un peu de moi à Votre Majesté, pour l'occuper ensuite et uniquement de mon libérateur. Sorti de France dès le mois de Janvier 1792, j'ai eu l'honneur de servir sous vos ordres, puis sous ceux de Monseigneur le Prince de Condé, dans l'armée duquel j'ai été passé en revue par Votre Majesté, en 1796, et j'ai reçu d'Elle le grade de capitaine. Qu'il m'est doux et glorieux de penser aujourd'hui que nos sacrifices à nos devoirs et à votre juste cause n'ont point été entièrement perdus pour les intérêts et pour le service de Votre Majesté !

Je suis rentré en France avec l'autorisation de mes chefs, peu de temps après la chûte de l'exécrable tyran qui la décimoit. J'étois pressé d'embrasser les auteurs de mes jours, dont mon absence avoit ruiné l'honnête fortune et compromis l'existence pendant vingt-trois mois de la plus rigoureuse détention, à la suite de laquelle j'eus le malheur de perdre mon père, ancien brigadier des Mousquetaires du Roi.

Une révolution, parmi le nombre de celles qui ont bouleversé votre royaume, devoit me coûter la vie. Je fus arrêté un an après le 18 fructidor et incarcéré au palais du Temple, sejour de deuil, de larmes, de regrets, où les souvenirs accablèrent mon âme bien plus que mes infortunes.

SIRE,

Il me restoit un frère, aîné, qui a eu l'honneur d'être Page de Votre Majesté, et de servir quinze ans, tant dans votre régiment de Dragons que dans celui du deuxième de Chasseurs à cheval. Il a fait pour moi toutes les démarches et tous les sacrifices que j'en devois attendre; mais que pouvoit espérer pour autrui, un homme qui, par sa naissance et par son refus à tous les sermens qui trahissoient celui qu'il avoit fait au Roi, étoit proscrit lui-même à la suite d'une très-longue détention, et qui n'avoit échappé que par une sorte de miracle à la hache révolutionnaire ? C'est à lui toutefois que je dois indirectement la vie.

SIRE,

Je me hâte de vous parler de celui qui me l'a conservée. Daignez lire avec intérêt l'histoire presque fabuleuse du seul émigré échappé du palais du Temple : daignez surtout jeter un regard de bienveillance et de bonté sur le brave qui m'a sauvé; que VOTRE MAJESTÉ excuse les détails dans lesquels je suis forcé d'entrer : ils sont nécessaires au développement de ce drame héroïque. Tout ce qui annonce une action grande et noble ne peut fatiguer un Prince qui veut tout pardonner, et dont le cœur ne renferme que des sentimens d'amour pour son peuple.

Metra est le nom de mon libérateur; il étoit alors lieutenant en premier des chasseurs à pied commandés par le colonel Caffarelly. Il apprend, par hasard, que je suis enfermé au Temple, que je cache sous le nom de *Simoneau* celui du *Chevalier de Lamarlière*, ex-officier dans Dauphin infanterie, dans lequel il a aussi servi; que je suis arrêté comme émigré, et prêt, comme tel, à devenir une des victimes innocentes dont les cendres reposent dans la plaine de Grenelle : il conçoit aussitôt le hardi projet de m'arracher des mains de mes bourreaux et de faciliter mon évasion. Les dangers qu'il va courir, les douleurs et les larmes dont il va inonder la triste demeure de sa femme, les gémissemens de ses enfans, auxquels dans peu il ne restera peut-être que le souvenir de ses vertus, et pour fortune que le seul bonheur de les imiter, rien ne fait balancer ses généreux desseins ; il court à l'instant chez un de ses camarades : « Ami, lui dit-il, tu montes aujourd'hui la » garde au Temple; cédes-moi ton poste; rends-moi cet impor- » tant service; mon repos, ma vie en dépendent ». L'échange se fait. Il retourne promptement chez lui, se charge de tout le trésor de son ménage (15 fr.), part et arrive au Temple à la tête de cinquante soldats. « Monsieur Fauconnier, dit-il » au concierge, aussitôt que la garde fût relevée, faites-moi

» venir le détenu *Simoneau ;* j'ai à lui parler sur l'heure ». — J'arrive. « Me reconnoissez-vous, Monsieur, me dit-il ? — » Non assurément, lui répondis-je. — Je suis un ancien » soldat de Dauphin ; j'ai servi sous vos ordres, vous vous » appellez le *Chevalier de Lamartière.* — Pour la première » fois j'affirme mon nom, et lui demande à mon tour s'il » n'est pas le capitaine rapporteur. « Marchons, lui dis-je, je » suis prêt à mourir, comme tant d'autres de mes camarades, » pour une aussi belle cause. — Non pas, s'il vous plaît ; je » viens pour vous sauver ; j'en ai les moyens, étant comman- » dant du poste ». — Après m'avoir nommé tous mes anciens camarades, et s'être ainsi fait reconnoître et avoir prouvé ses bonnes intentions pour moi, il me quitte brusquement pour aller visiter ses postes ; puis rejoint sa garde. — « Amis, dit-il » aux sous-officiers et soldats dont il se croit le plus sûr, » voici la première fois que j'occupe ce poste ; je vous dois » ma bienvenue ; entrons dans ce café en face d'ici, j'y veux » trinquer avec vous ». — Sa bourse s'épuise à monter les têtes ; elles s'échauffent : on cause de faits militaires. — « Ca- » marades, s'écrie-t-il, alors j'étois comme vous un pauvre » soldat ; voici ma poitrine couverte d'honorables cicatrices. » J'ai conquis mon grade et mes épaulettes sur le champ de » bataille. Me regardez-vous comme un brave ? — Oui, oui, » notre lieutenant. — Eh bien ! nous nous devons à la patrie : » je l'ai prouvé par douze campagnes ; mais sommes-nous » ravalés à l'état d'exécuteurs de la justice ? Le Directoire » nous prend-il pour des bourreaux ? Le soldat est-il trans- » formé en assassin ? c'est bien assez pour lui de combattre » les émigrés aux frontières ; ici nous ne devons voir que des » Français. Camarades, j'ai un grand secret à vous confier ; » j'ai besoin de votre avis et de vous. Nous avons ici un de » mes anciens officiers ; il a suivi son premier maître et le » nôtre ; peut-être serons-nous chargés sous vingt-quatre heures

» de lui casser la tête ; le ferons-nous? C'est un brave homme; » serai-je assez lâche pour vous commander son exécution? » céderais-je au pressant désir que j'ai de le sauver? Amis, » qu'en pensez-vous? — Sauvons-le, sauvons-le, s'écrient en » même temps tous les soldats que le sentiment de l'honneur » détermine et entraine toujours, quand il n'est pas violenté » par la tyrannie ». — On convient de tout au même instant. On change la consigne : deux hommes doivent aller à la fontaine pour le service du corps-de-garde; il y en ira trois. *Metra* me rejoint et dine avec moi. — « Promenez-vous, me dit-il, » dans le jardin avec les autres prisonniers jusqu'à l'heure de » la retraite. Vous entrerez alors, sans crainte, dans un caveau » dont vous verrez la porte de l'autre côté de la tour, auprès de » laquelle est une sentinelle; ne la craignez pas, elle vous tour- » nera le dos à votre approche, afin de vous laisser le loisir d'y » entrer. Attendez y avec sécurité et patience que deux soldats » aillent vous y joindre ». Vainement je lui représente les immenses dangers auxquels il s'expose; en vain emploié-je tous mes efforts pour le dissuader d'une entreprise aussi périlleuse, et dont les suites lui seroient nécessairement funestes : toutes mes représentations furent inutiles. — « Si vous restez ici, » me dit-il, vous êtes un homme mort; vous n'êtes pas le pre- » mier auquel j'ai rendu le même service, et me voilà encore; » n'hésitez pas, du courage : le reste me regarde ». — Il fallut donc exécuter ponctuellement cette admirable consigne. Je demeurai une bonne demi-heure dans ce lieu obscur, pour laisser le temps aux autres détenus de rentrer au signal ordinaire dans l'intérieur de la tour. Au bout de ce temps, arrivent deux soldats et mon libérateur qui me couvrent à l'envi d'une capote, d'un fourniment complet de chasseur, et me remettent la cruche du corps-de-garde. Je sors, entre les deux soldats, de l'intérieur du jardin, et enfin de la grande cour à travers une haie de soupçonneux guichetiers. Arrivé à la fontaine du dehors, je remplis ma cruche; je remets à mon escorte tout le fourniment dont j'étois garni; je mouille mes deux soldats de mes larmes, et n'ai qu'un instant pour les presser sur mon cœur : *Metra* est là qui m'entraine. « Vîte, vîte, me dit-il, » nous n'avons pas un moment à perdre, rendons-nous au » plutôt chez M. votre frère; je n'ai que le temps de vous y » conduire, il faut que je revienne voir ce qui va se passer » ici ». — Nous courons, et à peine la porte est-elle entrouverte que mon libérateur m'embrasse de toutes ses forces et disparoît. J'ai été recueilli pendant trois mois par une honnête famille, victime aussi de la révolution, qui, non moins généreuse que désintéressée, m'a fait échapper, à ses risques et périls, aux perquisitions de la trop active police d'alors. J'ai été témoin de ses recherches et des vexations et tourmens qu'ont eu à souffrir les personnes qui m'avoient prouvé de l'attachement et un grand intérêt pendant ma captivité.

SIRE,

Je suis sauvé, mais le généreux *Metra* ne l'est pas; il est temps de vous faire connoître les déplorables suites de sa noble action.

J'avois eu la précaution de confier mon projet d'évasion à un de mes camarades d'infortune, sur lequel je pouvois compter; il s'étoit chargé de faire un paquet de mes habits, de le placer dans mon lit, et de n'en pas laisser approcher le concierge lors de sa ronde pour l'appel nominal qui se faisoit tous les soirs, sous le prétexte d'une grande migraine qui m'auroit forcé de me coucher avant l'heure accoutumée. Notre gardien fut la dupe de cet innocent stratagême et me compta comme présent. La nuit se passa sans événement. Le lendemain, mon confident, croyant mon salut assuré, ne put contenir la joie de son cœur et s'épancha indiscrètement dans le sein de plusieurs autres détenus. Le concierge Fauconnier remarqua des pourparlers, prit des inquiétudes, eut même

des avis. Il se détermina à faire un appel général de ses prisonniers : sûr qu'il y en avoit un de disparu, il courut faire sa déposition chez le Ministre de la Police, et réclama main-forte. La précédente évasion de sir Sydney Schmith justifioit les terreurs de cet homme. Le Ministre accompagné d'une force nombreuse arrive, fait relever le poste et subir un interrogatoire à tous les soldats de la garde du Temple; il étoit alors onze heures du matin. Le brave *Metra* fut arrêté sur l'heure comme officier du poste et fortement soupçonné, puisqu'il étoit déjà convaincu d'avoir communiqué librement, de s'être promené et enfin d'avoir diné la veille avec l'échappé. « Oui,
» s'écria-t-il sans hésiter, c'est moi seul qui ai tout fait.
» J'ai sauvé une de vos victimes; je me glorifie d'avoir arra-
» ché à la mort un homme estimable que j'ai combattu loin
» des limites de ma patrie; ici j'ai respecté son malheur et
» j'y ai mis un terme. Faites de moi ce que vous voudrez;
» je suis un soldat et non un assassin ».

Ce brave fut de suite mis au secret; il a langui sans jugement pendant huit mois dans toutes les prisons de Paris. On le traduisit enfin devant une commission militaire : ses blessures, ses longs services, la grandeur de son action, la fermeté de son âme, les talens distingués de M. Domanger, qui avoit sollicité auprès de ma famille, comme une grâce, la gloire de le défendre gratuitement, ne purent le sauver. Tout l'auditoire fondoit en larmes; ses juges seuls, ses juges composés de ses camarades, de ses chefs, qui tous le comptoient pour un brave, furent impassibles, ou plutôt l'admirèrent et se turent. Ils lui appliquèrent mal-à-propos une loi barbare, digne des hommes qui la conçurent et de ceux qui croyoient régner alors. Ce fut en vain que M. Domanger fit retentir les voûtes de l'Hôtel-de-ville de ces belles paroles :

« *Et moi aussi, Messieurs, j'ai eu l'honneur de connaître*
» *l'intérieur de la maison du Temple; j'ai habité ce noble*

» *palais. Sera-t-il donc éternellement destiné à dévorer la plupart des victimes qu'il renferme : quand cessera-t-il de servir la tyrannie? Je le dis avec assurance devant les amis d'une sainte liberté, je le répéterois avec fermeté aux Directeurs qui vous commandent. Mon client, mon généreux client ne peut être mis en jugement. La loi, au nom de laquelle j'invoque toute votre attention, ne connoît que trois sortes de maisons de force : maisons d'arrêt, maisons de détention, enfin maisons de réclusion. Les peines qu'elle porte contre ceux qui laisseroient ou feroient évader des prisonniers, ne sont applicables qu'à ceux qui sont chargés de la garde de ces sortes de maisons. Je le déclare à vous tous qui m'entendez, Magistrats et Citoyens, la maison du Temple n'est dans aucune de ces cathégories. Qu'est-elle donc, me demanderez-vous? Je vais avoir le courage de vous le dire : elle n'est rien pour vous, si vous respectez la Constitution ; elle est tout pour le Directoire qui, par abus de pouvoir ou par le besoin vrai ou supposé d'une grande activité de police dans une immense cité, en a fait une maison de dépôt. Ce titre inconnu dans notre Code termine ou doit terminer les débats. Je veux, Messieurs, oui, je veux que votre infortuné camarade soit coupable de l'honorable délit dont on l'accuse ; je veux qu'il ait été assez généreux pour sacrifier vingt ans de service, dix blessures, son état, sa famille, sa vie peut-être, au salut d'un de ses anciens officiers ; il vous siéroit bien d'admirer, mais il ne vous appartiendroit pas de juger ce beau crime. Si* Metra *étoit à Londres, il seroit en ce moment entouré par le peuple. Ce peuple si fier de ses sages lois, attendroit impatiemment que vous ayez rendu à la liberté (qu'il n'auroit jamais dû perdre), un homme qu'il porteroit en triomphe à sa femme, à ses enfans, à ses chefs* ».

L'infortuné *Metra* fut condamné à être dégradé, cassé, exposé et à quatre ans de fers. SIRE! des fers pour le sauveur d'un de vos fidèles officiers! Il a constamment subi sa peine au galbanon de Bicêtre; c'est là que, depuis rentré en France, j'eus le bonheur de le visiter et d'être témoin du triomphe de sa liberté. Il étoit à peine libre, qu'il reçut l'ordre de sortir de Paris sous vingt-quatre heures, et on ne voulut lui délivrer pour passe-port que la copie de sa condamnation aux fers. Il a passé quelque temps au sein de ma famille. Le désir si naturel de revoir la sienne, l'a déterminé à se fixer à Givet, sa patrie, avec sa femme et quatre enfans; il n'y subsiste que des légers secours que la modicité de ma fortune me permet de lui offrir. Qu'il me seroit doux de ne pas compter avec un brave qui n'a rien calculé pour moi!

SIRE,

Ce n'est pas l'infirmation du jugement de *Metra* que je réclame de la justice de VOTRE MAJESTÉ; sa condamnation aux fers est, comme il l'appelle, son titre de gloire. Je sollicite de votre bonté une pension de retraite égale à celle qu'il auroit eu droit de prétendre comme capitaine : ce grade lui étoit assuré il y a quatorze ans, s'il m'eût laissé périr. Je vous supplie de rendre cette pension réversible à sa femme, à sa généreuse femme qui rougissoit de recevoir les secours provisoires que mon frère lui donnoit en mon absence, dans la crainte, disoit-elle, de déshonorer la noble action de son mari; à sa femme qui s'est mise à l'insçu de tout le monde, dans l'état de domesticité, tout le temps que *Metra* a été détenu, afin, a-t-elle avoué depuis, de ne rien détourner pour ses propres besoins, de la petite pension que ma famille lui faisoit pour adoucir le sort du prisonnier.

Si VOTRE MAJESTÉ croit devoir créer une distinction honorable pour le mérite personnel, je la supplie de se souvenir du brave *Metra*. J'ose lui recommander le sort de ses enfans;

plusieurs sont d'âge à être employés à quelque chose d'utile. Cette famille obscure par son origine, est digne par l'élévation de ses sentimens d'occuper les regards paternels de Votre Majesté, et je regarderois comme le plus beau jour de ma vie, celui où arrivant aux pieds de son auguste trône, je pourrois lui rendre grâce des bienfaits qu'Elle auroit versés sur mon libérateur.

DE VOTRE MAJESTÉ,

Le très-respectueux et fidèle sujet,

Le Chevalier Collison Delamarti[illegible]

A MEAUX, chez Guédon, Imprimeur de la Sous-Préfecture. (Mai 1814.)

www.ingramcontent.com/pod-product-compliance
Ingram Content Group UK Ltd.
Pitfield, Milton Keynes, MK11 3LW, UK
UKHW032039260826
14628UKWH00007B/3073

9 782016 139660